Egipcios

Escrito por **Trinitat Gilbert**

Ilustrado por **Lluís Cadafalch**

Primera edición: septiembre 2015

© 2015 Beascoa, Penguin Random House Grupo Editorial, S.A.U.
Travessera de Gràcia, 47-49, 08021 Barcelona

Texto de Trinitat Gilbert
Ilustraciones de Lluís Cadafalch
Proyecto y realización editorial: Bonalletra Alcompas, S.L.
Diseño gráfico y diagramación: Aura Color Digital
Agradecemos la colaboración de Marta Villanueva y del Museu Egipci de Barcelona

ISBN 978-84-488-3236-0
Depósito legal: B-15784-2015
Impreso en Soler
Impreso en España
BE32360

EGIPCIOS

Escrito por **Trinitat Gilbert**

Ilustrado por **Lluís Cadafalch**

BEASCOA

Conoce a los personajes

Tut

Mi nombre completo es Tutankhamon, vivo en un palacio y soy el faraón. Desempeño una labor muy importante, pero también me gusta mucho jugar. Tengo nueve años y voy a ser tu guía por todo mi imperio. Te presento a algunos de mis amigos, que también te contarán cómo vivimos en el Antiguo Egipto.

Ai

Es mi mejor amigo. Igual que a mí, le encantan los juegos de mesa. ¡También sabe cazar leones! Él me acompaña a todas partes, somos inseparables. Ai siempre va descalzo porque él pertenece al pueblo.

Ankhesenamon

Es mi esposa y la reina de Egipto. Aunque aún soy un niño, ya estamos casados, ¡y el corazón me late más fuerte cuando la veo! Es muy presumida, por eso se pasa el día acicalándose. Le encanta llevar lazos en el pelo y un montón de pulseras. También sabe aconsejarme cuando tengo que tomar una decisión importante sobre algo que desconozco.

Heb

Es el padre de Ai y trabaja en las pirámides. Es el encargado de construir las rampas de barro que crecen a medida que crecen las pirámides. Estas rampas sirven para subir las piedras hasta la parte superior. Heb es muy fuerte y valiente, y tiene unos brazos enormes.

El gato Tat

Es mi amuleto de la buena suerte: si está a mi lado, todo me sale de maravilla. Pero si no lo tengo cerca, las cosas empiezan a torcerse.
A Tat le encanta aparecer y desaparecer sigilosamente.
¡A ver si lo puedes encontrar en cada página!

Bienvenidos al Antiguo Egipto. Me llamo Tutankhamon y soy el faraón, la máxima autoridad del imperio. Mi reinado se conoció como el Imperio Nuevo, y tuvo lugar entre los años 1252 y 1337 a. C. El río Nilo atraviesa mi imperio por la mitad, y es el segundo río más grande del mundo. Mide casi 7.000 km de largo y tiene dos afluentes: el Nilo Azul y el Atbara. Cuando el Nilo Azul aumenta el caudal de agua que vierte al río principal, el Nilo se desborda. Entonces, el agua lo inunda todo y riega nuestros cultivos.

DESBORDAMIENTO

El agua ha inundado el maíz y la avena. Ahora los agricultores tendrán mucho trabajo...

ANIMALES

Los bueyes y los terneros también beben agua del río Nilo. Los pastores los dejan pastar cerca del agua. Con su carne, alimentarán a la población y el ejército de mi imperio.

¿Puedes encontrar a estos personajes?

OBELISCO

Con punteros y martillos resistentes, los artesanos trabajan la piedra. Su propósito es crear un obelisco, que representa un rayo de sol petrificado. Es un homenaje al Sol y tiene cuatro caras repletas de jeroglíficos que hablan sobre el faraón que ha mandado construirlo.

SOLDADOS

El ejército devora la comida, pues cuanto más coman los soldados, mejor lucharán. Por desgracia, con frecuencia estamos en guerra con otros territorios. Si es preciso, podemos levantar un campamento entero en un solo día y en cualquier lugar. Tenemos un truco: hacemos las paredes con nuestros escudos.

COCINERAS

Las mujeres son las encargadas de cocinar el maíz y la avena. Son muy buenas cocineras y hacen que nos chupemos los dedos con sus guisos de pescado y carne, y con sus deliciosos panes. Además, son las encargadas de elaborar la cerveza.

EL POBLADO

Los trabajadores de las pirámides y las tumbas enterradas pasaban muchos años construyéndolas. Por eso, se montaban pequeños poblados junto a las obras. Así no tenían que caminar demasiado para ir de casa al trabajo.

PIRÁMIDES

Mi padre y mi abuelo mandaron edificar muchas pirámides. ¡Más de cien! Todas están lejos del Valle de los Reyes y, para construirlas, los trabajadores debían transportar piedras pesadísimas en barca a través del Nilo.

LA OSCURIDAD

La parte del imperio que queda a este lado del Nilo representa la muerte, y es donde vamos a descansar cuando morimos: allí se alzan todas las tumbas y pirámides. Además, por ese lado se pone el sol, que representa la muerte del día.

EL NILO

El río Nilo es como una línea que divide el imperio en dos partes. En la parte de mi reino que queda a este lado hemos edificado las ciudades y también mi palacio. Y por este lado es por donde sale el sol.

EL VALLE DE LOS REYES

En mi época ya no construimos pirámides. Estas son obra de mis antepasados. Yo prefiero las tumbas enterradas; por eso he mandado construir unas cuantas en el Valle de los Reyes. Allí me enterrarán cuando llegue mi hora.

EL PUEBLO

Las casas de los habitantes de los pueblos eran muy pequeñas. ¡Y se construían con adobo de barro cocido al sol! Para hacer los techos en las azoteas, los ciudadanos usaban cañizo; con él elaboraban algo similar a un entretejido que fijaban con barro. Las puertas, las columnas y los marcos de las ventanas eran de madera.

CON LAS MANOS
Comíamos con las manos ¡y nadie nos regañaba! Aunque teníamos cucharas y cuchillos, los usábamos sobre todo para cocinar.

LA COCINA
Era una de las salas más importantes de la casa, pero se hallaba bastante separada del resto de estancias. Las mujeres pasaban allí gran parte del día, pues eran las encargadas de cocinar.

FOGONES Y HORNOS
Para cocinar se usaban fogones y uno o dos hornillos de cerámica de forma redonda, que podían desplazarse de un lugar a otro. El hornillo funcionaba con madera, carbón y, a veces, con excrementos de animales.

ARRIBA Y ABAJO
Desde la cocina se podía acceder a la terraza, pero también se podía bajar a una especie de alacena donde se guardaban los alimentos.

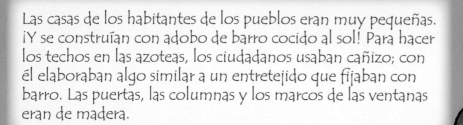

¿Puedes encontrar a estos personajes?

DIOSES

Todas las casas tenían una divinidad con un rincón reservado. Acudíamos a ese dios del hogar para hacerle ofrendas de comida y flores, y para pedirle protección y consejo.

MI COMIDA FAVORITA

El pan era mi comida favorita. Los antiguos egipcios comíamos pan todos los días y lo elaborábamos en casa dos o tres veces a la semana. Tenían formas muy variadas: redondos, triangulares… ¡pero todos estaban buenísimos!

AL RICO SOL
Como siempre hacía buen tiempo, realizábamos la mayoría de tareas al aire libre: en los caminos, en los patios o en las terrazas.

¡VIVA EL BARRO!
La mayoría de las casas, incluso las de los ciudadanos ricos, se fabricaban con adobo de barro cocido al sol, porque junto al río había un montón de barro. Además, era un buen aislante. No utilizaban piedra porque extraerla y trabajarla era muy costoso.

JUEGOS EN LA CALLE
Las niñas jugaban con muñecas de madera, y los niños con pelotas, que podían ser de madera o de piel.

VENTANAS

El sol entraba en las casas a través de las ventanas. Había muchas, así que los rayos solares llegaban a todos los rincones.

LAS PIRÁMIDES

Los faraones anteriores a mí construyeron las pirámides. Fue un trabajo descomunal, pues las piedras eran muy pesadas. ¡Y qué formas tan perfectas! Los faraones supervisaban personalmente las obras, y por eso se trasladaban hasta el lugar por el Nilo. Y como a todos los que mandamos nos gusta remolonear un poco, después de visitar las obras los faraones descansaban en un palacio que se construía muy cerca de la pirámide.

¡AIRE!

Entre tanto pasillo y tanta oscuridad faltaba un poco de aire. Los trabajadores de las pirámides lo tuvieron en cuenta y construyeron canales de ventilación: eran unos tubos que iban del interior al exterior. ¡Todo controlado!

COMO UN RAYO DE SOL

Las pirámides tienen esta forma porque los faraones deseaban imitar los rayos del sol. Por eso, todas son triangulares y acaban en punta. En mi opinión, la forma triangular y escalonada de las pirámides también sirve de escalera para llegar al sol.

SERRÍN

Cuando alguien importante moría en el Antiguo Egipto, lo vaciaban por dentro y lo rellenaban con serrín para que absorbiera el líquido que aún quedara dentro del cuerpo. Eso facilitaba la conservación.

CÁMARA FUNERARIA

La sala más importante de la pirámide era la cámara funeraria. También se la llamaba "sala del rey". Cuando el faraón Keops murió, lo metieron en un sarcófago y desde entonces pudo descansar en la sala que tanto había supervisado.

¿Puedes encontrar a estos personajes?

VENDAJE

En el Antiguo Egipto era costumbre vendar a los muertos de la cabeza a los pies, como una momia. Luego se les ponía una máscara en la cabeza ¡y listo! Bueno, solo faltaban los amuletos de la suerte, que se dejaban justo debajo del difunto.

ESTANCIAS

En el interior de la pirámide del faraón Keops había muchas salas. Creo que era un poco vanidoso, pues se empeñó en que su pirámide fuese la más grande de todas.

PASILLOS

Las habitaciones de la pirámide se comunicaban por pasillos, que eran ascendentes, por lo que había que coger fuerzas para subirlos. Un pasillo llevaba hasta la cámara de la reina.

TRAMPAS PARA LOS LADRONES

Como los ladrones sabían que dentro de las pirámides había tesoros, se las ingeniaban para intentar robarlos. Pero los constructores fueron más listos que ellos y construyeron un montón de pasadizos falsos que no iban a ninguna parte. ¡Así los despistaban!

FARAÓN

El faraón Keops quiere que su pirámide quede perfecta, y por eso supervisa las obras con mucho detenimiento. Mira qué concentrado está.

PIEDRAS

Las piedras de las pirámides suelen pesar unas 2 toneladas. Pero en la pirámide de Keops hay piedras que pesan 15 toneladas. Es decir, ¡lo mismo que dos dinosaurios! Por suerte, los obreros que las transportaron no tuvieron que moverlas con las manos.

EN LA CIMA

Heb está en la cima de la pirámide con las manos a modo de visera. Está controlando si llegan más piedras, porque él es el encargado de colocarlas. No puede distraerse ni un momento: cada dos minutos los obreros colocan una piedra nueva en la pirámide. ¡Son tan rápidos como el rayo!

RAMPAS

Los trabajadores desplazaban las piedras a través de unas rampas que rodeaban la pirámide. Parecían un gran gusano que se enrollaba hasta llegar a la cima. Para construirlas se requería el esfuerzo de decenas de miles de personas.

ASALARIADOS

Los trabajadores de las pirámides eran campesinos a quienes pagaban en especies: recibían comida y cerveza. Su trabajo era similar a un impuesto que debían al faraón, pues todo el mundo, en un momento u otro de su vida, tenía que trabajar para él. De todas formas, no eran esclavos.

Mi casa es grandiosa. Si quiero, puedo perderme por los pasillos y las habitaciones laberínticas. Tengo espacio para todo: trabajar, jugar, descansar… A mi esposa An le encanta nuestro palacio. Ella también tiene habitaciones propias para vestirse, peinarse y entretenerse. Con nosotros viven dos personas adultas que nos cuidan, porque aunque soy el faraón, ¡ya sabes que solo tengo nueve años! Me gustaría enseñarte mi casa.¡Adelante!

BARBA FALSA

En algunas ocasiones los faraones nos ponemos una barba postiza para parecer más poderosos. Mi esposa no se pone barba, ella se adorna con un tocado muy especial. ¡Está guapísima!

ESCRIBAS

Los escribas, las personas que saben l y escribir, tienen mucho trabajo en nuestra sociedad. Son quienes debe tomar nota de todo lo que yo hag Escriben sobre papiros y, en lugar d letras, hacen jeroglíficos. En el Antig Egipto, eran los encargados de escri las crónicas y, cuando llegaban visitas de otros lugares, su trabajo s duplicaba, porque tenían que anota los tributos que nos pagaban.

CRIADOS

En el palacio hay criados que, cuando se lo mando, me abanican con unos enormes abanicos de plumas de avestruz.

LETRAS

Me encanta escribir. Tanto An como yo sabemos hacerlo, pero, por desgracia, la gente del pueblo no sabe. En el Antiguo Egipto las letras se representaban mediante símbolos o dibujos.

ARTESANOS

A los antiguos egipcios nos fascinan las esculturas. En el palacio, que es como una gran ciudad administrativa, tenemos artesanos que las esculpen. Son comparables a las fotos actuales, pero hechas en piedra. ¡La ventaja es que yo siempre salgo bien!

REY POR HERENCIA

Yo era el único heredero de mi padre. Cuando murió, me convertí en el faraón de la noche a la mañana. Tenía solo nueve años y muchas ganas de divertirme, pero tuve que ponerme a mandar. Por suerte, cuento con dos consejeros que me ayudan. Pero cuidado, el que manda soy yo.

AHORA SÍ ESTOY

La Ventana de las Apariciones está situada en un puente que separa el palacio de la ciudad. De vez en cuando, me asomo para que el pueblo pueda verme.

REGALOS

Los hombres de mi ejército están eufóricos porque hoy van a recibir muchos regalos, que arrojaré desde el balcón. El pueblo también ha venido a la fiesta. Solamente me asomo a la ventana una o dos veces al año, cuando hay algo importante que celebrar. Por ejemplo, cuando el ejército gana una guerra.

DOBLE CORONA
Para que todo el mundo sepa que soy el faraón, llevo una doble corona como los reyes, roja y blanca. Es doble porque simboliza que gobierno en el Bajo Egipto (el norte del imperio, en la zona del delta del Nilo) y en el Alto Egipto (en el sur, el valle del Nilo).

CUESTIONARIO

PREGUNTAS

1 ¿Cómo se llama el recinto donde me han encontrado los arqueólogos?

2 ¿Me enterraron en una pirámide o en una tumba funeraria?

3 ¿Qué usaron para que mi cuerpo no oliese mal mientras me embalsamaban?

4 ¿Qué colocaron debajo de mi sarcófago para que me diera buena suerte?

5 ¿Cuál es mi animal de compañía preferido?

6 ¿Qué me cubre la cara?

7 ¿Puedes nombrar tres objetos mobiliarios que he llevado a la tumba?

8 ¿Por qué los arqueólogos están tan contentos de haber descubierto mi tumba?

RESPUESTAS

1 Cámara del rey.

2 En una tumba funeraria.

3 Sal y ungüentos.

4 Un amuleto de la suerte.

5 Tat el gato.

6 Una máscara mortuoria.

7 Silla, tinajas, mesa.

8 Porque es la única tumba de faraón que se ha encontrado.